Identificar la idea principal

La **idea principal** es la idea más importante de la lectura. Los **detalles** nos dicen:

quién	qué	dónde
cuándo	por qué	cómo

Frases claves para hablar de la **idea principal**:

Lo más importante de esta lectura es...

Las cosas que me dan más información importante son...

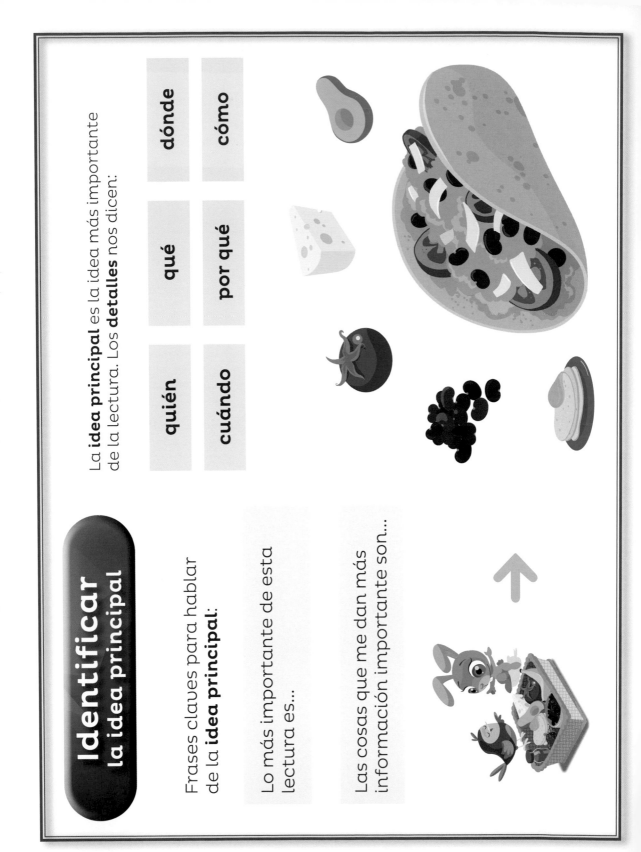

La seguridad al montar en bicicleta

¿Sabes qué hacer para divertirte en tu bicicleta?

¡Sí, ya sabes cómo divertirte en tu bicicleta! Es divertido montar en bicicleta, o bici, y también es una forma saludable de hacer ejercicio. Incluso puede que seas un buen ciclista, pero ¿sabes cómo montar en bicicleta de manera segura?

SABELOTODO

Las rueditas de entrenamiento ayudan a los niños a no caerse cuando están aprendiendo a montar.

Rueditas de entrenamiento

¿Sabes cómo montar de manera segura?

Hay una serie de cosas que puedes hacer para montar en bicicleta de manera segura. En primer lugar, lo más importante es pedirle a un adulto que te acompañe y te ayude a mantenerte seguro. A continuación, necesitas obtener más información sobre la seguridad en las bicicletas. ¿Cuáles son algunas maneras de montar en bicicleta de manera segura?

¿Tienes el tipo correcto de bicicleta?

Es importante montar en una bicicleta que sea segura. La mayoría de las bicicletas de hoy en día se parecen a las bicicletas de seguridad, un tipo de bicicleta hecha por primera vez en la década de 1880. Las bicicletas de seguridad tenían dos ruedas del mismo tamaño, un sillín, un **manubrio** y un **freno**, que ayudaba al ciclista a detener la bicicleta.

Bicicleta de seguridad antigua

manubrio

Bicicleta de seguridad moderna

freno

¿Funciona bien tu bicicleta?

Para estar seguro cuando montas, tu bicicleta tiene que funcionar bien. Debes revisarla siempre antes de montar. Asegúrate de que las ruedas estén bien ajustadas, que los neumáticos tengan suficiente aire y que los frenos detengan la bicicleta. Es una buena idea pedirle a un adulto que te ayude.

¡EXTRA! LOS FRENOS DE UNA BICI

Los frenos de una bicicleta impiden que las ruedas giren. El tipo de freno moderno más común es el freno de aro. Se llama así porque la fuerza de frenado se aplica en el aro de la rueda de la bicicleta. Otro tipo de freno es el freno de manos. Para que este funcione hay que apretar una palanca que está en el manubrio.

Freno de manos

¿Conoces las partes de una bicicleta?

Conocer las partes de una bici es fundamental para estar más seguro cuando montas. Observa el diagrama para ver cuántas de las piezas de una bicicleta conoces. ¿Sabes cómo funciona cada parte?

Sillín
El sillín es donde se sienta el ciclista, y debe tener la altura adecuada para el tamaño del ciclista.

Pedales y cadena
A cada lado de la bicicleta, hay un **pedal**. Los ciclistas empujan los pedales con los pies, lo que hace que la cadena se mueva. La cadena gira la rueda trasera.

Manubrio

El manubrio ayuda al ciclista a dirigir la bicicleta.

Frenos

Los frenos están en las ruedas. Una palanca en el manubrio los hace funcionar.

Ruedas y neumáticos

Las ruedas giran para hacer que la bicicleta funcione. Los neumáticos llenos de aire están dentro de las ruedas.

¿Tienes casco?

Además de una bicicleta segura, la pieza más importante del equipo de seguridad para montar en bicicleta es un casco. El casco te protege la cabeza si te caes de la bicicleta. Busca un buen casco de bicicleta, asegúrate de que se ajuste bien a tu cabeza y nunca montes en bicicleta sin usarlo.

equipo de protección

¿Tienes luces de bicicleta y ropa de colores brillantes?

Dos elementos de protección útiles son las luces y la ropa de colores brillantes. Un chaleco amarillo o anaranjado sirve para que la gente te vea a cualquier hora del día. Algunos tipos de ropa reflejan la luz de los autos, lo que significa que la ropa se vuelve muy visible cuando la luz brilla sobre ella. Tanto las luces como la ropa hecha de material reflectante ayudan a las personas a verte cuando no hace sol o es de noche.

reflectante

Necesitas un **casco** que te quede bien

Es importante encontrar un casco de bicicleta que se ajuste bien a tu cabeza. Necesitarás que un adulto mida tu cabeza para que el casco que consigas no te quede ni muy grande ni muy chico.

abrochar

Cuando te pongas el casco, la parte delantera debe estar por encima de tus cejas. Pide ayuda a un adulto para abrochar la correa debajo de tu barbilla para que no te quede demasiado suelta ni demasiado apretada. Tu casco no debe moverse, pero tampoco debe estar tan apretado que duela tenerlo puesto.

¡Los adultos también deben usar casco!

Lista de verificación del casco

✔ Usa siempre un casco cuando montes en bici.

✔ Abrocha siempre las correas.

✔ No uses gorras debajo del casco.

✔ No uses un casco roto.

13

¿Tiene un timbre tu bicicleta?

Las bicicletas deben tener timbres que emitan un sonido fuerte. Toca el timbre cuando montas para advertir a la gente que estás detrás. De esa manera, las personas podrán quitarse del camino y asegurarse de que tú y ellas estén a salvo.

¿Montas por una senda para bicicletas?

Un lugar seguro para montar son las sendas para bicicletas.

Los autos y autobuses no pueden ir por esas sendas. Por ellas solo van las bicis, y eso hace que los ciclistas estén seguros y puedan pasarla bien.

senda para bicicletas

¿Ves y oyes los autos y a las personas?

Cuando montas en bicicleta, debes estar atento para ver y oír los autos, a otros ciclistas y a los peatones que van cerca de ti. Tus ojos y oídos ayudan a mantenerte seguro. Estate atento siempre a la calle, la senda para bicicletas o el camino por el que montes.

¿Sabes cuál es el estado del tiempo?

Antes de salir a montar en bicicleta, mira el estado del tiempo.

Trata de no montar si nieva o llueve porque es difícil para un ciclista ver bien bajo la lluvia o la nieve. Los limpiaparabrisas ayudan a los conductores de autos a ver mejor cuando llueve o nieva, pero aun así podría resultarles difícil ver a un ciclista.

¿Conoces las reglas?

Hay reglas para las personas que conducen autos, y también hay reglas para las personas que montan en bicicleta. En algunas ciudades, solo se puede montar en bicicleta en lugares seguros. Observa las señales en la calle y en las sendas para bicicletas cuando montes, y repasa las reglas para ciclistas con un adulto.

¿Ves el semáforo?

Si viajas por una calle con un adulto, debes estar pendiente de los semáforos. El semáforo es un **dispositivo de seguridad** que permite, tanto a los conductores de automóviles como a los ciclistas, saber cuándo detenerse y cuándo seguir. Detente cuando la luz esté roja y sigue cuando la luz esté verde.

dispositivo de seguridad

SABELOTODO

Muchas sendas para bicicletas tienen semáforos solo para ciclistas.

Señas manuales
para montar en bicicleta

Cuando montes en bicicleta cerca de autos, otras bicicletas o peatones, infórmales lo que estás pensando hacer. Puedes hacer señas con las manos que indiquen que vas a doblar, detenerte o reducir la velocidad. Así se mantienen a salvo tú y las personas que te rodean.

⟨ Doblar a la izquierda

Cuando desees doblar a la izquierda, extiende bien **recto** tu brazo izquierdo. También extiende los dedos.

⟩ Doblar a la derecha

Cuando desees doblar a la derecha, dobla tu brazo izquierdo y señala hacia arriba con los dedos.

◉ Detenerse o reducir la velocidad

Cuando desees señalar que vas a detenerte o a reducir la velocidad, dobla el brazo izquierdo hacia abajo.

¿Estás listo para montar en tu bicicleta?

Ya has leído bastante información sobre la seguridad para montar en bicicleta. Ahora sabes cómo estar seguro cuando montas en tu bici. Tienes un casco que te queda bien, un timbre que suena bien alto y ropa de colores brillantes que la gente puede ver. Ya conoces las reglas, y ahora es el momento de montar.

¡Mantente a salvo y diviértete!

Es hora de dar un buen paseo en tu bici. Sigue las reglas de seguridad. Trata de ir por la senda para bicis, estate atento a todos los autos y los peatones a tu alrededor, y asegúrate de que las condiciones del tiempo sean las apropiadas. Solo hay una regla más: ¡Diviértete mucho montando en tu bicicleta!

Otros tipos de bicicletas

No todas las bicicletas son iguales. Hay algunas muy interesantes que la gente usaba hace mucho tiempo e incluso algunas que la gente monta hoy en día.

Biciclo

Hace mucho tiempo, las personas montaban unas bicicletas conocidas como biciclos. Esas bicicletas tenían una rueda delantera ENORME y una rueda trasera pequeña. ¡No era la bicicleta más segura para montar!

SABELOTODO

La bicicleta de seguridad se inventó porque los biciclos eran superpeligrosos.

Bicicleta de carga

La gente usa bicicletas con carritos enganchados que les sirven para llevar cosas, como la compra del mercado, o para transportar a sus niños.

Cuando las personas montan una bicicleta reclinada, se sientan en una silla y pedalean con los pies hacia adelante. También hay aparatos que tienen tres ruedas, en vez de dos: se llaman triciclos.

Bicicleta reclinada

abrochar hacer que dos partes de algo permanezcan unidas

dispositivo de seguridad invención útil para mantener a las personas seguras

equipo de protección objetos, como los cascos para ciclistas, que mantienen a las personas seguras

freno dispositivo de una bicicleta que impide que se mueva

manubrio barra en la parte delantera de una bicicleta que sirve para guiar la dirección

pedal parte de la bicicleta que empujas con los pies

recto que no está doblado o curvado

reflectante se dice de un material sobre el cual rebota la luz

Photography and Art Credits

All images © by Vista Higher Learning unless otherwise noted.

Cover: (background) Aarrows/Shutterstock; (t) Ra3rn_/Deposit Photos; (b) Julia Kuznetsova/Shutterstock

4: (tl) Design Pics/Alamy; (tr) Tetra Images/Getty Images; (b) Antonio Garcia Recena/Getty Images; **5:** Hill Street Studios/Getty Images; **6:** (t) Historic Illustrations/Alamy; (b) Gilang Prihardono/Shutterstock; **7:** (t) Tim Robbins/Getty Images; (b) Ccaetano/Deposit Photos; **8-9:** Dvilfruit/123RF; **10:** AsonDoiy/Getty Images; **11:** (t) Serov Aleksei/Shutterstock; (ml) PM Images/Getty Images; (mr) Lyakhova Evgeniya/Shutterstrock; (b) Venars.original/Shutterstock; **12:** Sergey Novikov/Shutterstock; **13:** (t) Anut21ng Stock/Shutterstock; (b) Lane Oatey/Blue Jean Images/Getty Images; **14:** (t) Ra3rn_/Deposit Photos; (b) Julia Kuznetsova/Shutterstock; **15:** Richard Newstead/Getty Images; **16:** CasarsaGuru/Getty Images; **17:** (t) PeopleImages/Getty Images; (bl) Moshbidon/Shutterstock; (br) Vinicius Bacarin/Shutterstock; **18:** Zoonar GmbH/Alamy; **19:** (tl) Maksym Kaharlyk/Shutterstock; (tr) Veniamin Kraskov/Shutterstock; (b) Frantic00/Shutterstock; **20:** Barry Diomede/Alamy; **21:** Chirayusarts/Shutterstock; **22:** Wavebreakmedia/Shutterstock; **23:** Peter Cade/Getty Images; **24:** HodagMedia/Shutterstock; **25:** (t) Frederic Reglain/Alamy; (b) Westend61/Getty Images; **26:** (tl) Gilang Prihardono/Shutterstock; (tr) PM Images/Getty Images; (mtl) Anut21ng Stock/Shutterstock; (mtr) AsonDoiy/Getty Images; (mb) Veniamin Kraskov/Shutterstock; (bl) Dvilfruit/123RF; (br) Chirayusarts/Shutterstock; **Master Art:** Aarrows/Shutterstock.

© 2023, Vista Higher Learning, Inc.
500 Boylston Street, Suite 620
Boston, MA 02116-3736
www.vistahigherlearning.com
www.loqueleo.com/us

Dirección Creativa: José A. Blanco
Vicedirector Ejecutivo y Gerente General, K–12: Vincent Grosso
Desarrollo Editorial: Salwa Lacayo, Lisset López, Isabel C. Mendoza
Diseño: Ilana Aguirre, Radoslav Mateev, Gabriel Noreña, Verónica Suescún, Andrés Vanegas, Manuela Zapata
Coordinación del proyecto: Karys Acosta, Tiffany Kayes
Derechos: Jorgensen Fernandez, Annie Pickert Fuller, Kristine Janssens
Producción: Esteban Correa, Oscar Díez, Sebastián Díez, Andrés Escobar, Adriana Jaramillo, Daniel Lopera, Juliana Molina, Daniela Peláez, Jimena Pérez

La seguridad al montar en bicicleta
ISBN: 978-1-54338-622-6

Printed in the United States of America

1 2 3 4 5 6 7 8 9 AP 28 27 26 25 24 23